Biografía

Lorena Barradas Moctezuma nació, el 29 de junio de 1963 en la ciudad de Xalapa Veracruz, estudió la Licenciatura en Derecho, en Administración de Empresas y Relaciones Internacionales, la Maestría en la Investigación de la Educación Superior, el Doctorado en Educación y en Derecho, así como ha asistido a Diplomados, Cursos y Especialidades en calidad de Ponente y Asistente. Cuenta con una experiencia de más de 30 años en el ejercicio de su profesión como Licenciado en Derecho y como Maestra de tiempo completo en el Nivel Medio Superior y Superior en el Estado de Veracruz, así como también es catedrática en Universidades de prestigio, en Maestrías y Doctorados dentro y fuera del país. Autora del libro Mi Hijo y el Amor Responsable, actualmente bestseller internacional.

Índice

Prologo

La experiencia como madre, maestra y abogada que complementa a la Dra. Lorena Barradas Moctezuma, le ha ayudado para escribir esta segunda obra titulada "La Antesala del Infierno (Adicciones)". La cual se compone de 9 capítulos los cuales hacen referencia a diferentes factores que lograr ser influyentes en la etapa de la crianza.

El primer capítulo nos habla del infierno, es decir, algunos aspectos negativos que pueden rodear el núcleo familiar.

Mientras tanto el segundo capítulo nos habla de adicciones, las cuales llegan a convertirse en la división de las relaciones familiares.

Y así, nos transporta al tercer capítulo, donde menciona a los valores, quienes son fundamentales para regir la conducta moral de cada individuo.

En el cuarto capítulo, radica el miedo, el cual suele ser parte de las decisiones y experiencias que se van presentando a lo largo de la vida.

Después como se menciona en el quinto capítulo, la culpa, aparece cuando sientes que las cosas se salieron de control y que suele ser tarde para arrepentirse de decisiones tomadas.

Posteriormente en el capítulo seis, emociones, las cuales suelen ser expresadas mediante palabras, actos y silencios.

Por lo tanto, en el capítulo siete, se habla acerca de la conmiseración, debido a que en algunos casos las personas llegan a sentir compasión por otros, dando la capacidad de comprender la pena y el dolor.

El capítulo ocho, menciona la codependencia, está suele ser peligrosa cuando no se lograr cortar vínculos a tiempo.
Porque finalmente en el capítulo nueve se habla acerca de la emancipación, la cual es útil y necesaria para poder tener liberación, independencia y autodeterminación sobre la propia vida.

No cabe duda que esta obra contiene información valiosa, que permitirá a la audiencia comprender y analizar temas que muy poco son mencionados, sin embargo, importante para la población.

Mucho éxito y admiración para la autora de esta maravillosa obra.

PSIC. Yesuandy Nicol Flores Tlaxcalteco.

Dedicatoria.

"Es una locura odiar a todas las rosas sólo porque una te pinchó. Renunciar a todos tus sueños sólo porque uno de ellos no se cumplió".

Antoine De Saint Exupéry.

Con todo mi amor dedico esta obra, a la memoria de mis padres: Diego y Elia por darme la oportunidad de existir y a mis hijos Mario Diego, Guillermo Andrés y Normandrea, por ser la fuente de inspiración en todos los proyectos de mi vida.

Lorena.

Dedicatoria Especial.

La realización y publicación de la Antesala del Infierno fue inspirada en todos y cada uno de los padres de familia que tenemos en nuestro hogar un Adicto preso de esa enfermedad indomable que lacera nuestra existencia, especialmente cuando se trata de nuestros hijos, esperando con ello fortalecer la toma de decisiones de los actores familiares para ayudarles a sanar y así vivir con plenitud tocando la Felicidad, elevando su grado de autoestima, proporcionándoles seguridad y fortaleza pero ello a través del Amor Responsable.

Con Amor y Respeto.

Lorena.

Capítulo I
La Antesala del Infierno

Dolor y Sufrimiento

"Somos nuestro propio demonio y hacemos de este mundo nuestro propio infierno".

Oscar Wilde.

Este capítulo en la vida de los seres humanos es el más difícil y el más largo porque es aquel escalón que nadie quiere subir o el que más rápido se quiere subir por la complejidad del mismo. En el libro que publicamos MI HIJO Y EL AMOR RESPONSABLE (acciones y resultados), señalamos al amor responsable o verdadero como eje rector en las relaciones entre padres e hijos, pero cuando no lo hacemos de esta manera las relaciones familiares se complican porque se da inicio a la cadena de mentiras, chantajes, conmiseración, culpa y codependencia en torno a los actores que componen la familia, estableciendo una cadena de favores equivocada.

El significado de antesala en sentido figurado es el tiempo o espacio situados poco antes de un evento o lugar aludidos, por ejemplo: la antesala de la muerte, del infierno, del cambio de un nuevo siglo.

El concepto de infierno viene del latín inférnum o inferus, por debajo de, lugar inferior subterráneo, de acuerdo con la conceptualización de diversas religiones es el lugar donde después de la muerte son torturadas eternamente las almas de los pecadores además de que es una de las cuatro postrimerías del hombre, no se considera un espacio sino un estado de sufrimiento.

Cuando no hemos observado dentro de la familia uno de los ejes rectores fundamentales como lo es el Amor Responsable o el Amor Verdadero, llegamos con nuestros hijos a la incomunicación, a que nuestra relación afectiva con ellos sea nula y se traduzca en batallas terribles que nos llevan a la destrucción familiar y a la autodestrucción familiar.

Como padres de familia nos negamos a aceptar que hemos fallado y justificamos cada una de las acciones que realizamos con nuestros hijos como si hubiesen estado bien hechas o perfectamente establecidas y nos negamos a asumir nuestro tramo de responsabilidad y de irresponsabilidad asumiendo que el resultado de nuestra conducta dentro de la familia es positivo y que nuestros hijos son así porque lo han aprendido en la calle, escuela o con los amigos y que sus conductas no se justifican porque hemos sido excelentes padres y no comprendemos porque nos tocaron hijos con esa personalidad y dificultades psicológicas.

El sufrimiento es el dolor emocional, social, espiritual o físico que lleva a una persona a sentirse triste, ansiosa, deprimida, con miedo, inmersa en la soledad sin rumbo establecido con la ruptura de sus aspiraciones y anhelos.

Además de poseer un alto grado de infelicidad, no aceptación, aislamiento, autoestima baja y con demasiadas preguntas sin resolver que hacen que su vida este impregnada de insatisfacción y dolor por lo que buscan evadir su realidad a como dé lugar, tratando de encontrar un refugio que les ayude a mitigar ese sufrimiento y les ayude a construir un mundo ideal del que no quieren salir ni renunciar por miedo a la realidad ya que les produce un estado de confort y los aleja por períodos largos de su contexto o realidad.

La negación genera infelicidad para la familia cuando se lucha por reforzar una versión de la realidad impropia es decir la justifican cuando es una mentira.

Doblegan sus sospechas, su dolor, sus temores y su conciencia de qué de alguna parte les están mintiendo y que los hijos nos están usando y esa negación puede durar mucho tiempo evadiendo con ello la presencia de una enfermedad que puede llevar a la muerte a nuestros hijos.

En la familia se puede hacer caso omiso de las actitudes cada vez más extrañas de los hijos, evitando con ello enfrentar la realidad del comportamiento de los hijos que de asumirse a tiempo evitaría tanto dolor y sufrimiento para la familia en un lapso de tiempo interminable.

Evitar a toda costa el enfrentarse a la realidad no será posible por mucho tiempo toda vez que las conductas de nuestros hijos serán cada vez más impropias o inadecuadas.

De forma que la obsesión aumenta, los familiares pueden perder su sentido de identidad, es como si sus vidas dejaran de tener algún sentido, valor y la vida girase en torno a los hijos y no a la propia en este momento se agudiza el sufrimiento y se incrementa el sentido de inconformidad, enojo, rechazo, incomprensión, amenazas y un grave desequilibrio económico.

Enfrentar las conductas inadecuadas nos trasladan a momentos que nos impiden lograr la felicidad y ello nos lleva a vivir en un sofocante estado de angustia, ansiedad, tristeza, negación, agresividad y ello no termina aquí ya que surgen problemas en las familias como la disolución del vínculo matrimonial además de existir la posibilidad de que los hijos y las parejas se asumen abandonados cuando uno de ellos dedica todo su tiempo y atención, al hijo o hija que está en riesgo y se advierte un descuido hacia los demás.

El sufrimiento se reafirma cuando existen las condiciones para someter al sistema nervioso al desgaste y las cuatro causas de ello son: el temor, la frustración, la sumisión y el no querer hacer y el no poder hacer y ello nos sucede en el momento que dejamos a un lado al Amor Responsable dentro de la célula fundamental de la sociedad que es la familia.

Un verdadero viacrucis nos espera ya que el camino que hay que andar es largo y tortuoso máxime que se trata de nuestros hijos a los que desde que nacen estamos convencidos a amar y a proveerles de lo indispensable para su subsistencia, pensando en darles, darles y darles porque estamos seguros de que con ello los haremos felices y maravillosas personas pero no nos detenemos a pensar cuando le debemos decir NO a nuestros hijos y que les podemos y debemos dar, el cuándo y el cómo lo pasamos por alto porque si lo analizamos vendría una fuerte confrontación con nosotros mismos y no sabemos cómo asumir el resultado de ella ya que ello nos causaría trastornos familiares que preferimos evadir para aparentemente tener tranquilidad y felicidad y no nos damos cuenta de que en un futuro no muy lejano nos encontraremos en la antesala del infierno.

En tales circunstancias infelices, se pueden acumular el resentimiento y el enojo en ambas partes, es decir, tanto en padres como en hijos.

El amor solo puede florecer en un ambiente sano y de respeto. En la mayoría de las familias que tenemos problemas con nuestros hijos se advierte desesperanza cuando fallan los intentos de volverlos al camino. Mientras la familia y los hijos se encuentran presos en un círculo vicioso existen posibilidades nulas de recuperación de las conductas adecuadas.

Cuando la familia resuelve romper con ese círculo enfermizo pueden lograr un verdadero cambio en los hijos de forma positiva reafirmando los valores en su propia vida.

No debemos perder de vista que el adorno de las acciones equivocadas que ejercemos con nuestros hijos es el dolor y el marco es la autodestrucción de los hijos y de la familia.

No debemos perder de vista que los padres no somos perfectos somos perfectibles, no debemos intentar ser perfectos, pero somos también perfectibles y podemos ser mejores.

Es necesario mostrarles a nuestros hijos con humildad y honestidad como somos por ejemplo: que no somos súper héroes sino todo lo contrario que también nos equivocamos, que no siempre tenemos la respuesta correcta o apropiada, que sufrimos, que lloramos, que pueden dañarnos, que sentimos miedo, que no siempre sabemos que hacer o el camino para llegar a la felicidad o a la verdad de las cosas, nuestros hijos tendrán una imagen verdadera de quienes somos sus padres y aprenderán a respetarnos por lo que somos ya que no necesitamos fingir lo que no somos.

Una acción importante de nosotros como padres de familia es nuestra construcción como seres humanos, tomando en cuenta que la mentira es el enemigo número uno de las relaciones con todos y cada uno de los integrantes de la familia.

Este primer capítulo nos invita a la reflexión sincera, honesta de nuestro actuar asumiendo el rol y la función de padres de familia dentro del contexto y fuera de él, analizando conscientemente los aciertos y desaciertos que hayamos tenido en las relaciones interpersonales con nuestros hijos ya que aquí no existen mascaras ni matices para adornar las circunstancias sino la cruda realidad que nos invade en nuestro aquí y en nuestro ahora.

"La existencia puede ser un lugar muy oscuro y uno de los pocos recursos de que disponemos para iluminar las sombras es el afecto".

Rosa Montero.

Pero cuando el Amor Responsable es el preámbulo de nuestra existencia nada nos impedirá llegar al estadio de la felicidad que se traducirá en las relaciones efectivas entre padres e hijos mismos que se traducirán en conductas propias de ambas partes y ello producirá un estado de confort.

SCAN ME

Capítulo II
Adicciones
Enfermedad

"Las personas no son adictas al alcohol o a las drogas, las personas son adictas a escapar de su realidad".

Eleinn Dichi.

La adicción normalmente se le asocia a un vicio, pero es una enfermedad ya que tiene un comienzo, una evolución y un final o desenlace.

Lo que realmente existe es una enfermedad adictiva en sus presentaciones diversas como la adicción al alcohol, al tabaco, a las drogas, a la comida, al juego, al robo, al sexo, por señalar algunas, solo debemos señalar que unas son más graves que otras, pero por cuanto hace a todas y a cada una de ellas causan la misma enfermedad adictiva.

Todas causan un menoscabo en la persona en forma relevante las áreas de relación de la persona es decir su entorno familiar y social, así como físicamente con ello nos referimos a la parte orgánica y psicológica. Es preciso señalar que en algunas de ellas como es el caso de la bulimia, anorexia, el comer compulsivamente, el juego, la ortorexia, la vigorexia o la adicción al robo o al sexo en ellas no existe el ingreso de sustancias químicas al cuerpo.

Por cuanto hace a la adicción a las drogas, estas forman con su poder psicotrópico, entre otras sensaciones, sentimientos de omnipotencia que reduce el Superyó a una mínima expresión realizando el afectado una serie de actos de conducta inmoral es decir inadmisibles, totalmente fuera de contexto y de lógica y congruencia ante los demás dentro y fuera del seno familiar.

La tendencia humana por cuanto hace a establecer interrelaciones que enarbolan una dependencia que va más allá de una relación saludable y equilibrada además de equitativa entre las personas mismas que corresponden a la fisiología de la conducta humana.

La adicción que es una enfermedad establece una codependencia a la ingesta de sustancias para evadir la realidad y obtener un estado de confort ante las adversidades que se nos presentan en forma cotidiana y a las cuales no tenemos la capacidad de enfrentar o de asumir, ello nos provoca un desequilibrio emocional severo hasta tal extremo de evadir nuestra realidad a como dé lugar realizando la ingesta de productos químicos nocivos para la salud de nuestros hijos y de nosotros mismos.

La enfermedad adictiva: el que la padece, poco a poco acumula sus necesidades de dependencia en un solo proveedor de satisfacción, llámese droga, alcohol, comida, juego, objeto robado u objeto sexual entre otras cosas y ello conlleva a su desinterés por la familia, las amistades, la familia, su economía, los deportes, su religión, el descanso y sus diversiones entre otras cosas hasta quedarse dependiendo de una sola sustancia, persona o cosa que mágicamente le resuelve sus angustias y ansiedades donde existe solo el placer mismo que se desliga de todas las realidades de la familia y del contexto social, coadyuvando a una evasión plena de las obligaciones o responsabilidades que tiene el sujeto de acuerdo con su función y papel social.

Las adicciones de la humanidad nos enseñan un borde enfermo y extremo de las necesidades de las dependencias del ser humano.

Cuando se activa la parte vergonzante y dolorosa en el sujeto que trata de detener la adicción cuando se da cuenta intenta detenerla sin éxito. Al intentarlo reiteradamente y fracasar, el adicto se da cuenta de su enfermedad y que no puede detenerla es lo que llamamos tocar fondo ya que el sufrimiento ha llegado a su grado máximo y si aún conserva un poco del Yo observador puede intuir su cercanía a la locura, a la cárcel o a la muerte.

La sociedad confronta a los adictos y los castiga otorgándoles un grado de desestima y no de estima en su contexto social y ello es una lápida aún más pesada que un enfermo enfrenta.

Se considera que quien consume una droga o a una práctica compulsiva, carece de la oportunidad de insertarse de manera efectiva dentro de la sociedad.

En la complicada adolescencia de nuestros jóvenes se adhiere las dificultades con los padres, robos, secuestros, asaltos, violaciones, violencia familiar, suicidios, homicidios, escasez de trabajo que representa un fuerte deterioro en la economía familiar, la inseguridad y la gama delictiva en general en conclusión este escenario externo se introduce en el ámbito familiar recrudeciendo el caos además de que con ello se fomenta el deseo de evadir la realidad por parte de nuestros hijos y en algunos casos también de los padres de familia.

Cuando los hijos se quedan mucho tiempo solos ya que no se les dedica tiempo de calidad y no se establecen límites y reglas de conducta, se quedan sin vigilancia ,carentes de toda orientación de sus padres, los obligamos tácitamente no solo a adoptar conductas impropias, no empáticas con el contexto familiar y el contexto social, tomando decisiones equivocadas y cuyo resultado les es adverso al ejecutarlas y ello nos lleva a un estado de frustración y de no aceptación por lo que le abonamos a la enfermedad para que siga ascendentemente destruyendo a gran prisa a nuestros hijos.

Por esa razón en la actualidad va en aumento la ingesta de drogas y alcohol a más temprana edad, provocando no solo la disfunción familiar, sino la social y con ello un estado de permanente frustración en el adicto y la familia y lo más grave aún la negación de la enfermedad de ambas partes.

Cuando nosotros como padres de familia asumimos la enfermedad de nuestros hijos de forma asertiva, cuando la razón no está nublada por la pasión, la soberbia u orgullo mal encausado en el sentido de que nuestros hijos no pueden estar consumiendo drogas estamos del otro lado toda vez que nos encontramos frente a la aceptación de la enfermedad.

Sabemos que en nuestro cerebro a nivel neuronal se producen sustancias que son las responsables de los diversos estados de ánimo con los que caminamos a lo largo de nuestra vida, dichas sustancias son: endorfinas, encefalinas, serotoninas y dopaminas entre otras. Por lo que sabemos que un sujeto consume la cantidad suficiente de droga que le proporciona a su organismo el cambio que desea es la consecuencia de que la droga actúa descargando la hormona correspondiente en todo su organismo.

El uso y el abuso del alcohol y de cualquier droga son el resultado de una sociedad en conflicto; la enfermedad de la adicción es el resultado de un conflicto en las estructuras mentales ya que es individual y se origina en las primeras relaciones de los sujetos en la edad temprana.

Muchas teorías sostienen que la enfermedad de la adicción da inicio en la adolescencia y no es así ya que la enfermedad da inicio cuando las personas inician el consumo de una droga de forma exagerada, continua y desordenada compulsivamente y en tratándose de la enfermedad adictiva relacionada con la alimentación, juego, robo, el trabajo y el sexo por señalar algunas da inicio al sentir el deseo de hacer algo particular que llame poderosamente la atención de los demás, logrando el adicto darse a notar dentro de su contexto social y familiar con conductas negativas nada empáticas con su devenir histórico.

Es preciso señalar que las adicciones funcionan en forma sumamente activa como las perversiones ya que son placenteras y secretas y dejan de serlo cuando el dolor es tan grande que tiene cero tolerancias es hasta entonces cuando el adicto trata de controlar su adicción para volver al secreto y al placer.

Debemos hacer una reflexión las drogas llegan a las personas para proporcionarles un estado de placer con el firme propósito de la evasión de la realidad y de ser un paliativo a la no aceptación de la persona, de la familia y de su entorno. A efectos de destruir lo anterior se debe investigar cuál es la causa que origina en nuestros hijos la ingesta de drogas o a asumir conductas inadecuadas, la enfermedad adictiva no es la consecuencia de la ingesta periódica o de la realización de actos compulsivos ya que es meramente un desorden psicológico que se origina en la infancia.

"La adicción nunca debería ser tratada como un delito. Debe ser abordada como un problema de salud".

Ralph Nader.

Concluiremos señalando que las adicciones son una enfermedad que tiene su origen en la edad temprana de nuestros hijos y que derivado de la falta de atención de los mismos de parte nuestra se traduce en una severa enfermedad que los aniquila y puede llevarlos a la muerte, este escenario puede no existir en nuestra historia de vida si ofrecemos atención a nuestros hijos es decir les brindamos calidad de tiempo y establecemos como eje rector al Amor Responsable dentro de las relaciones de familia que se reflejan en el contexto social donde nos desarrollamos y merecemos vivir con plenitud.

Si cuidamos de ellos cuando utilizan las redes sociales, si nos preocupamos por sufragar sus necesidades básicas es decir las indispensables para vivir con dignidad, con las herramientas necesarias para el aprender a construir en su desarrollo educacional estaremos ejerciendo adecuadamente nuestro papel de padres de familia ya que no equivocaremos el camino yendo hacia los excesos, que solo provocan la disfunción social y familiar y ello aumenta el rencor, el dolor y la culpa.

Es de sabios reconocer que como padres de familia nos hemos equivocado todos, si esto no fuese así no habría sido posible identificar todos y cada uno de los factores de riesgo en que se encuentran nuestros hijos y así encontrar las herramientas necesarias para combatir las adicciones, muchos sostienen el criterio de que son incurables, otros dicen que si se curan y otros más señalan que hay que aprender a vivir con ellas a través del control de las mismas, cada una de las hipótesis esta sostenida en un sinnúmero de investigaciones, de acciones y resultados pero cada día nos encontramos más convencidos que la educación de los jóvenes sostenida en el AMOR RESPONSABLE o VERDADERO es la clave del éxito para evitar la enfermedad y lograr la funcionalidad de la familia y por ende la social.

Capítulo III
Valores Frente a las Adicciones
Una excelente solución

"Aprendí que el coraje no era la ausencia de miedo, sino el triunfo sobre él. El valiente no es el que no siente miedo, sino el que vence ese temor".

Nelson Mandela.

Existen situaciones y condiciones protectoras de la familia contra las adicciones ya que aumentan la resistencia y disminuyen el riesgo de uso o de asumir conductas inadecuadas.

La familia debe apostarle a fortalecer los factores que favorezcan, así como reforzarlos dentro de ella la ingesta de sustancias químicas y la realización de conductas impropias.

Los factores de protección de la familia son los valores ya que ellos proporcionan razones para que nuestros hijos digan que NO al consumo de drogas o a la realización de conductas inadecuadas, fortaleciendo su decisión.

Debemos resaltar en ellos la confianza en sí mismos, la responsabilidad, la honestidad, la tolerancia, la prudencia y la justicia por señalar algunos. Debemos manifestarles la importancia de los valores ya que nos ayudan a fortalecer nuestra toma de decisiones, debemos reconocer que las acciones de los padres afectan el desarrollo de los valores de los hijos ya que ellos imitan nuestro comportamiento, debemos lograr que nuestros actos coincidan con las palabras que decimos ya que nuestros hijos advierten cuando el comportamiento nuestra encierra una mentira por lo que debemos ser congruentes en lo que decimos y hacemos.

Los padres tenemos la responsabilidad de trazar y aplicar las normas que nuestros hijos deben seguir en el caso de que no se cumplan debemos estar preparados para ejercer las sanciones aplicables para el caso de acuerdo con el comportamiento equivoco de nuestros hijos, debemos explicarles las razones en las que se basan las normas es decir porque se crean y porque son aplicadas por lo que debemos dárselas a conocer, es por ello por lo que al decirles cuales son, debemos señalarles también que esperamos de ellos, haciéndoles de su conocimiento que en caso de no cumplirse en qué forma se aplicara, cuánto tiempo durara el castigo y cuál es el propósito del castigo.

Debemos ser conscientes de que las normas que se apliquen no deben romperse ni modificarse para fortalecer las malas decisiones de nuestros hijos, por ejemplo: retirarles el castigo. Tendrá que quedar suficientemente claro que las normas o reglas estarán vigentes o firmes en todo momento ya que si no se cumplen serán acreedores a una sanción.

No debemos imponer reglas que no hayan sido platicadas con antelación.

Debemos fortalecer la autoestima de nuestros hijos ya que elevándoselas podremos lograr hombres y mujeres de éxito con un fortalecimiento pleno en la toma de sus decisiones y con aceptación plena a la hora de ejecutarlas.

Nos está prohibido juzgar, comparar, negar sus sentimientos, ridiculizar, elogiar en exceso, elogiarlo en demasía al mismo tiempo que se les recuerdan sus errores, hacer generalizaciones, atacar, insultar y amenazar.

Debemos reconocer los sentimientos de nuestros hijos ya que debemos entender y respetar sus sentimientos.

Una tarea fundamental es señalarles lo que esperamos de ellos sin coaccionarlos para realizar o ejecutar cosas que ellos no quieren porque no es de su agrado como, por ejemplo: la elección de su profesión o algún oficio.

Por otra parte, debemos fomentarles su autonomía por medio de enseñanzas a través de conocimientos, habilidades y destrezas para enfrentarlos a su devenir histórico de forma efectiva por medio de la confianza en ellos mismos, compartirles la cultura del éxito reforzando con ello las capacidades sociales.

No debemos olvidar conversar con nuestros hijos ejerciendo el papel de emisor y receptor indistintamente ya que debemos escucharlo por medio de la ternura y un trato afectivo inmejorable sin perder nuestra jerarquía como padres de familia ya que el Amor Responsable es el mejor escudo contra cualquier mal que los aseche además de no olvidar de enseñarles que la escuela es muy importante fomentándoles métodos y técnicas de estudio que les faciliten el proceso de enseñanza- aprendizaje ya que ello los guiara en el camino del aprender a construir y que no se queden en el aprender a aprender.

Lo anterior fortalecerá la seguridad y el bienestar de nuestros hijos dentro y fuera de la familia por lo que en la escuela tendrán un perfil de alumnos críticos, analíticos, participativos, creativos, forjadores de su propio destino o realidad con un fortalecimiento pleno en la toma de decisiones.

No debemos perder de vista que los valores familiares son el conjunto de creencias, principios, costumbres, relaciones respetuosas y demostraciones de afecto que son transmitidas generacionalmente.

Es necesario generar una reflexión en el sentido de que el valor de la familia se basa de forma prioritaria en la presencia física, mental y espiritual de las personas en el seno familiar con una gran disposición al diálogo y a la convivencia, cultivando los valores en nuestros hijos ya que formar y conducir la familia no es nada fácil.
El valor de la familia rebasa los encuentros habituales e ineludibles, los momentos de alegría y la solución a los problemas de la cotidianidad ya que nace y se desarrolla en todos y cada uno de sus miembros asumiendo con responsabilidad la función y papeles que les hayan tocado dentro de la célula fundamental de la sociedad.

Los valores fundamentales que debemos enseñar a nuestros hijos son: la humildad, la autoestima, el compromiso, la gratitud, el optimismo, la amistad, la voluntad, la empatía, la felicidad y la paciencia.

Recordemos que los extremos provocan desequilibrio en la relación con nuestros hijos, debemos ser valientes para no caer en la ansiedad o en la comodidad del dejar hacer, en este punto debemos poner atención, ya que debemos formar personas autónomas y competentes desde el punto de vista emocional. Ya que en la actualidad existen más padres de familia que se dicen incompetentes para educar a sus hijos.

La convivencia entre padres e hijos es complicada y se torna cuando hay hijos difíciles, exigentes que ponen el equilibrio emocional y los recursos de los padres. Las inseguridades de los padres hacia una nula transmisión de valores han fomentado el aumento de la tolerancia de ellos con sus hijos y de estos sobre sus progenitores han ejercido un aumento de su poder en todos los sentidos.

"Los que fueron compadecidos desde niños no tienen fuerza, sino debilidad total".
Evtuixenko.

El Amor Responsable es una red protectora de nuestros hijos, debemos prepararnos como padres para ayudar a nuestros hijos a vivir su vida, no debemos retener a nuestros hijos, sino por el contrario debemos permitir que hagan su vida libremente, ya que para ello les habremos inculcado valores, procuremos que abandonen su zona de confort para que logren fortalecerse.

La fórmula es la curiosidad, la admiración y el desconcierto que arroja como resultado una pregunta que busca respuestas y concede felicidad cuando se tiene la respuesta adecuada. Se trata de buscar situaciones que sorprendan tanto a hijos como a padres porque es sumamente enriquecedor y ello lleva en la toma de decisiones a enmarcar nuestras estrategias dentro del esquema de valores que deben prevalecer en la familia.

Uno de los retos al educar a nuestros hijos es enseñarle a ayudarse a sí mismo.

La falta de lógica en nuestras enseñanzas y reglas dentro del seno familiar puede generar en nuestros hijos resentimiento hacia nosotros y ello llevarlos a buscar las adicciones.

Si logramos que nuestros hijos valoren la vida y la libertad, que se acepten a sí mismos con sus aciertos y limitaciones estaremos formando hombres y mujeres de resolver cualquier problema que se les presente en su cotidianidad.

Es por ello que los valores familiares son los que se proponen identificar su función, roles, creencias, actitudes e ideales.

No debemos perder de vista que la familia es la base de toda sociedad. Los primeros valores se aprenden en el hogar, es un espacio en el que se adquieren tradiciones y saberes significativos del pasado porque es un lugar estratégico para formar en valores, ya que estos son modos de actuar dentro de un grupo de personas que son considerados referentes esenciales para la convivencia y guían la conducta para su formación ética.

Debemos preparar a nuestros hijos para que experimenten los valores y así aprendan a apreciarlos entendiendo su importancia.

El formar en valores a nuestros hijos es dejarles una herencia llena de espiritualidad que les permitirá formarse en forma integral además de poseer los elementos necesarios para convivir con los demás, teniendo referentes adecuados de una conducta moral teniendo un horizonte ético que les ayudará a darle un sentido correcto a sus vidas y fundamentalmente desarrollaran un rol y un papel como hijos adecuados, con ello sepultando la posibilidad de la cruda enfermedad de las adicciones.

"Me lo explicaron y lo olvide. Lo vi y lo entendí, lo hice y lo aprendí".

Confucio.

SCAN ME

Capítulo IV
Miedo a Aceptar la Realidad
Confrontar con nosotros

"El miedo es una muralla que separa lo que eres de lo que podrías alcanzar a ser".

Minegociocreativo.com

El miedo es un mecanismo de protección toda vez que permite responder al individuo ante situaciones que no le son favorables rápida y eficazmente.

Es una emoción que todos sentimos, ya que es algo natural, lo importante es como lo enfrentamos.

Dicha emoción puede alcanzar varios niveles de intensidad: desde un estado que nos alerte y lo afrontemos con cautela, a ello lo acompaña una sensación de incomodidad y respeto que nos hace arribar al terror y a las fobias.

Al crecer el miedo este nos cubrirá totalmente y como consecuencia nos paralizará hasta lograr que nuestra toma de decisiones y comportamientos queden sometidos a él perdiendo su propósito de protección.

Si sumamos la ingesta de alcohol, tranquilizantes u otras sustancias químicas que con frecuencia se utilizan ante el temor de no saber estar en diversos actos de nuestra vida solo lo encubrimos, pero no lograremos vencerlo porque este es una señal que nos alerta de una desproporción entre lo inmenso de la amenaza y nuestra capacidad resolutiva.

Si nuestros hijos cambiaran el miedo por compartirnos lo que sienten permite conocer la circunstancia que le va vida al miedo y les ayuda a enfrentarlo.

Al conectarnos con nuestros recursos internos, obtenemos la fuerza y habilidad para asumir la forma consciente todo lo que nos propongamos incluso el control del miedo, ya que como lo señalaba Alfonso de Ercilla y Zúñiga, "El miedo es natural en el prudente, y el saberlo vencer es de valientes".

Es necesario analizar el miedo y detectar su origen para saber si es un miedo fantástico en otra forma dicho producto de tu mente o posee una o varias causas que logran su justificación.

Existen sustancias que nuestro cuerpo produce cuando tenemos miedo y que nos preparan para tener una reacción como son: la adrenalina, la dopamina y oxitócica que son estimulantes de estos centros de recompensa en forma análoga que es lo que sucede con determinadas sustancias adictivas.

Nosotros como padres y madres de familia debemos estar preparados para detectar cuando nuestros hijos tienen miedo e identificar el origen del mismo para evitar que se encuentre en su camino la adicción y recurra a la ingesta de sustancias prohibidas, así como conductas en el mismo tenor.

Existe una frase que dice que el Amor ahuyenta el miedo y correlativamente el miedo ahuyenta el amor. Efectivamente es cierta esta premisa porque los padres tenemos miedo a enfrentar nuestros errores, culpas y mentiras frente a nuestros hijos y justificamos hechos a base de mentiras y paliativos que solo logran dañarlos porque no nos damos cuenta de que debemos ejercer el Amor Responsable o Verdadero, ese amor que subyace del plano de la objetividad, de la responsabilidad y de las grandes y difíciles verdades de los acontecimientos de nuestra vida familiar y social. Precisaremos que al olvidarlo estaremos abriendo la puerta de la Antesala del Infierno y del Infierno mismo.

Se debe ser consciente que el enfrentarse a cualquier cambio ante la vida nos produce miedo, pero debemos encontrar formas tener la capacidad para vencerlo y redireccionarlo a efecto de poder construir respuestas que nos permitan encarar la vida de frente sin temerle a los tropiezos que serán desaciertos perfectibles si nos encontramos fortalecidos en la toma de decisiones asumiendo las consecuencias de nuestros actos en forma valiente y objetiva.

"Las masas humanas más peligrosas son aquellas en cuyas venas ha sido inyectado el veneno del miedo… del miedo al cambio".

Octavio Paz.

El miedo nos acompaña desde que nacemos hasta que morimos es la angustia que sentimos cuando pasa o creemos que pasara algo malo. Son escasas las cosas que pueden ser irracionales y al mismo tiempo lógicas como el miedo el cual es tan natural como la ira, la alegría y la tristeza.

Si nosotros pensamos no superaremos el miedo sino la acción, pero finalmente es lo que se quiere trasmitir, debido a que nunca dejaremos de sentir miedo porque sería contra natural y para poder lograr nuestro crecimiento como padres de familia debemos sentir miedo y saber administrarlo recordemos que lo malo podemos y debemos convertirlo en maravilloso, así esto ello nos conducirá a adquirir aprendizajes significativos que coadyuvaran en las relaciones interfamiliares y con nuestros hijos.

Si nosotros somos capaces de detectar no solo nuestros miedos, sino los de nuestros hijos estaremos ante la posibilidad de enfrentar diversas situaciones que pueden sernos adversas y lleva a nuestros hijos a la enfermedad de las adicciones.

Recordemos que no podemos hacer por nuestros hijos aquello que ellos no pueden hacer por sí mismos.
Debemos fomentarles seguridad y certeza para que se autoafirmen elevando su grado de autoestima sin caer en las adulaciones innecesarias que solo les provocan confusión y una falsa valoración de sí mismos y al encontrarse con su realidad ello les provoca miedo e insatisfacción.

Lo anterior generalmente si no lo ejecutamos a través del Amor Responsable nos llevará al fracaso en la dirección de nuestros hijos hacia el camino que ellos deben seguir en nuestra compañía para lograr ser empáticos dentro de su contexto social, productivos y propositivos en las áreas del saber y eficaces en el momento de desarrollar sus encomiendas es decir debemos dotarlos de las herramientas necesarias para fortalecerlos a la hora de interactuar dentro y fuera de la familia ello se conoce como seguridad, misma que deben tener presente permanentemente en su actuar.

No perdamos de vista que la seguridad es la sensación total de confianza en algo o en alguien y que la autoconfianza es el estar convencidos íntimamente de que somos capaces de realizar algo exitosamente o bien de elegir una alternativa correcta cuando se nos presenta un problema en la cotidianidad.

Lo que se expresa con antelación nos acompaña para apoyarnos a vencer nuestros miedos y dejar de asumirlos en forma equivocada tomándolos como una prevención a efecto de estar preparados ante la vida para resolver cualquier acontecimiento que se nos presente sin pensar o sentir temor a equivocarnos y que ello nos traiga consecuencias adversas que si no estamos preparados para enfrentarlas agudizarían más negativamente el miedo.

Cuando tenemos miedo a la soledad queremos evadir la realidad que nos invade a través de la ingesta de sustancias prohibidas o ejerciendo conductas impropias que nos hacen Adictos y esto sucede por la ausencia del Amor Responsable, toda vez que no hemos sido capaces de poner reglas o límites y las sanciones a que serán acreedores nuestros hijos en caso de no observarlas, el cómo y el cuándo aplicarlas debe platicarse con ellos, de no ser así se establecería una conducta autoritaria de parte nuestra con nula aceptación en nuestros hijos.

La imposición es cuando se obliga a una persona a aceptar, soportar y cumplir algo que no es de su agrado y la aceptación es decir que sí a las normas y castigos establecidos por encontrarlos coherentes en su aplicabilidad.

El miedo al cambio reduce las posibilidades de que las relaciones familiares con nuestros hijos sean ineficaces, debemos ser valientes para cambiar las cosas o situaciones que se convierten en un cáncer familiar inevitable con casi nulas probabilidades de cura.

"Tu miedo termina cuando tu mente percibe que es ella la que crea ese miedo".

Alejandro Jodorowsky.

Capítulo V
La Culpa

El no saber cómo justificar y el solucionar fallido de los padres al enfrentar las adicciones.

"La culpa no está en el sentimiento, sino en el consentimiento".

San Bernardo.

La culpa es la responsabilidad o causa de un suceso o una acción negativa o perjudicial, que se atribuye a una persona o a una cosa. Proviene del latín culpa que significa falta o imputación.

La culpa es una imputación que se realiza a alguien por una conducta que genero una cierta reacción, también se conoce como culpa al hecho que es causante de otra cosa o de algo como, por ejemplo: las adicciones.

Si analizamos la culpa dentro de las adicciones podemos decir que se da por omisión que se genera de un acto y da como resultado la ejecución de conductas reprobables y la ingesta de alcohol o sustancias prohibidas.

Para la psicología la culpa es una acción u omisión que es generada por un sentimiento de responsabilidad por el daño causado directa e indirectamente a los demás en el caso que nos ocupa a nuestros hijos.

El sentimiento de culpa es uno de los principales problemas que invaden nuestra cotidianidad y que generan grandes desequilibrios emocionales dentro y fuera de la familia.

En la familia se enseña vivir la vida a base de obligaciones y responsabilidades. No nos educan para actuar libremente, sino para depender de los demás en una forma irresponsable, sin mayor justificación.

Lo anterior incrementa la infelicidad en nuestros hijos y en el seno familiar, la culpa trae consigo un sentimiento de haber provocado un daño a otra persona, acompañado de la sensación de responsabilidad. Este sentimiento también se adquiere cuando de manera intencionada se omite en forma intencional la ejecución de un hecho y ello causa daño a una persona intencionalmente. Es por ello que la culpa es una negligencia o acción imprudencial que se ejerce en contra de alguien para perjudicarlo.

La culpa puede ser consciente o inconsciente. Cuando es consciente las consecuencias se previeron más no deseadas por quien las ejecuta y cuando es inconsciente, las consecuencias no fueron previstas y mucho menos deseadas por quien las ejerce, esta última modalidad es la que con frecuencia la que se presenta en la familia en la relación con nuestros hijos y la que conlleva consecuencias adversas en la salud emocional de nuestros hijos.

La culpa aparece ante el dolor del daño que se le ha causado a la persona.
Nuestros hijos al ser presos de las adicciones realizan conductas de las cuales no se sienten orgullosos solo por adquirir la sustancia que los evade de su realidad produciéndoles un estado de confort y de ausencia de su entorno, evadiendo obligaciones y responsabilidades, este sentimiento no aparece solo cuando se realiza algo incorrecto en la búsqueda de la sustancia debido a que va más allá toda vez que es una consecuencia de la frustración al no poder dejar de repetir ese comportamiento.

Por ejemplo: el sentimiento de culpa aparece en el sexo o en las compras por internet.

Las personas con alguna adicción tratan de localizar justificaciones a su comportamiento por medio del autoengaño.

Cuando la culpa sigue presente en las emociones de la familia en especial en el adicto puede llevarnos a cometer aún más errores por lo que esta debe desaparecer para lograr la recuperación de nuestro enfermo.
Es un sentimiento común en las adicciones especialmente en la ingesta de drogas y alcohol, es de suma importancia en su tratamiento.

La culpa está estrechamente ligada a la baja autoestima de nuestros hijos y ello es producto de nuestra irresponsabilidad como padres de familia y la falta de ejercer el Amor Responsable con ellos. A medida que crece la adicción también los problemas y las excusas.

A nosotros como padres de familia se nos presentan dificultades para enfrentar los problemas en virtud de que nos encontramos impresionados y nos sentimos incapaces para resolver la problemática que enfrenta esta enfermedad y ello se traduce en una situación preocupante que nos llena de dolor.

Los padres tenemos la responsabilidad de asumir en forma adecuada el papel de formadores y guía de nuestros hijos, sin embargo, las exigencias laborales, la falta de comunicación y el escaso tiempo contribuyen a que no se ejecute el propósito de guiar significativa y efectivamente a los hijos además de proporcionarles bienes materiales para justificar nuestra desatención por lo que la calidad de tiempo y no la cantidad al acompañar a nuestros hijos es fundamental para su desarrollo emocional.

Es frecuente escuchar de nosotros los padres hacia nuestros hijos las siguientes frases: ¡Mira el daño que nos haces cuando consumes drogas!, Me arrepiento de haberte tenido!, y ellos nos contestan: ¡Yo no les pedí nacer!, Ustedes tienen la culpa de lo que me sucede, los odio!

Lo anterior provoca un dolor muy fuerte a nosotros como padres de familia que se traduce en un sufrimiento constante y un deseo inexplicable de dejar de existir porque no nos creemos de enfrentar las conductas impropias y las adicciones de nuestros hijos. Buscamos justificaciones y culpables donde nos los hay para justificar la forma irresponsable y carente de compromiso al criarlos.

En el momento preciso, el que consume las drogas reparte culpas haciéndolo de forma voluntaria, tiende a culpar a todos de sus problemas con formas de manipulación y de chantaje. Es necesario manejar adecuadamente estas situaciones además de abordar las emociones de enojo y culpa.

El buscar culpables dentro y fuera de la familia no sirve de nada solo complica la situación y no le abona a la recuperación del paciente.

Debemos tener presente que si el abordaje de la problemática de nuestros hijos en las adicciones debe ser pulcro es decir no debemos contaminarlo exculpándonos y evadiendo la responsabilidad que no ejecutamos con probidad.

La culpa tiene un componente de autocastigo que hace imposible que podamos obtener experiencias que enriquezcan el proceso. Asumir la responsabilidad implica aprender de los errores generando habilidades de crecimiento personal.

"Cargar la culpa a los demás…es la forma más cobarde de dejar las responsabilidades en espaldas ajenas".

Libro Flaco.

Esta frase es un digno ejemplo de evasión de nuestra responsabilidad y de no aceptarnos como verdaderamente somos como padres de familia y las limitaciones y la falta de experiencia que poseemos al desarrollar nuestro papel dentro y fuera de la familia.

Es por ello que se agudiza el dolor en el proceso además de nublar aún más nuestra perspectiva de cambio y ello nos hace incompetentes para enfrentar el proceso de las adicciones y las conductas inadecuadas de nuestros hijos.

"La culpa no está en el sentimiento, sino en el consentimiento".

San Bernardo de Claraval.

Cuando el amor no está presente o muere en la familia, los problemas se agudizan y se convierten en trastornos emocionales que nos impiden ver con claridad lo que sucede en nuestro entorno familiar y contexto social por lo que existe una alta posibilidad de toparnos con la evasión o fuga de nuestro entorno acudiendo a la ingesta de sustancias prohibidas y a la ejecución de conductas reprobables de agudo significado en la dolorosa ruptura familiar a través de quebrantar las relaciones entre padres e hijos, impidiéndonos el logro de la felicidad y la salud mental ante la presencia de la culpa y sus consecuencias aunado a la ausencia del Amor Responsable o Verdadero que se traduce en exigente si se ejecuta adecuadamente.

El sufrimiento, el dolor y la culpa son el disparo más fácil para perder la batalla frente a las adicciones provocando un estado de indefensión en nuestros hijos y coadyuvando para que no superen la enfermedad que los llevara indefectiblemente al menoscabo de su salud física y mental y en muchos de los casos a la muerte.

Capítulo VI
Las Emociones

Su influencia en las adicciones.

"Cuando dirigimos nuestros pensamientos adecuadamente, podemos controlar nuestras emociones".

W. Clement Stone.

La definición de emoción es la siguiente: es un sentimiento muy intenso de alegría o tristeza producido por un hecho, una idea, un recuerdo, algún acontecimiento entre otras cosas, es la alteración del ánimo que se produce por un sentimiento.

Las emociones se traducen en reacciones psicofisiológicas que representan modos de adaptación del individuo cuando percibe un objeto, persona, lugar, suceso o recuerdo importante, se acompaña de cierta conmoción somática.

El sentimiento es un estado afectivo del ánimo que es producido por una emoción, los sentimientos derivan de las emociones que son reacciones orgánicas o instintivas que experimentan los individuos y que responden a ciertos estímulos.

Señalaremos que la emoción es un conjunto de respuestas neuroquímicas y hormonales, que hacen que reaccionemos en forma indistinta ante un estímulo externo o interno. Son transitorias, intensas, se originan en las regiones subcorticales del cerebro, son energía, debemos señalar que las emociones no son buenas ni malas, todas tienen un origen evolutivo y de adaptación.

Son una respuesta a los diversos estímulos que se presentan en una persona para su evolución o supervivencia.

Las emociones anteceden a los sentimientos, son físicas e instintivas, las principales son: rabia, tristeza, vergüenza, culpa, alegría y miedo.

Tratando de definir un sentimiento diremos que es la suma de una emoción más un sentimiento, este último es una experiencia subjetiva, suelen durar más tiempo que las emociones por lo que podemos concluir que no hay sentimiento sin emoción y este se da cuando emitimos un juicio sobre la emoción.

El sentimiento es una representación en nuestra mente de lo que nos sucede corpóreamente cuando asumimos una emoción y cuando nuestro cerebro le asigna un significado a esta última.

Los sentimientos pueden ser positivos o negativos y neutros. Los positivos se manifiestan de la siguiente forma: felicidad, gratitud, alegría, humor, amor y esperanza, los negativos: miedo, tristeza, desesperanza, ira, frustración, culpa, celos y los neutros: compasión, sorpresa. Lo anterior es solo para señalar algunos de ellos y reconocer los rangos donde se encuentran.

Una de las diferencias trascendentes entre los sentimientos y las emociones es que el primero se presenta conscientemente y las segundas se manifiestan consciente o inconscientemente. Ambas se relacionan con lo irracional. Donde existe una emoción hay un sentimiento van de la mano no puede aislarse una de la otra.

Estableceremos las diferencias siguientes: las emociones son estados transitorios y los sentimientos cuentan con una duración mayor, las emociones se dan rápida e inconscientemente y los sentimientos se dan cuando interviene la consciencia, la emoción va primero sin ella no existe un sentimiento, las emociones son reacciones psicológicas y los sentimientos son la interpretación de las emociones, las emociones tienen una mayor intensidad y los sentimientos una menor intensidad.

En conclusión, la diferencia se establece en la duración, la intensidad y reacción de nuestro organismo.

"Educar la mente sin educar el corazón no es educar en absoluto".

Aristóteles.

Los problemas intrafamiliares causan en el adolescente inseguridad y baja autoestima por lo que fácilmente será presa de los vicios, por lo que buscara sentirse bien y evadir su realidad a través de las adicciones sin percatarse de que lo que hace daña su vida física y psicológica y se recrudece cuando sienten el completo abandono de los padres y familia, no se les trata con respeto, con trato digno, justo y humano y los estigmatizamos.

Las causas de incomunicación con nuestros hijos son por ser padres separados, conflictos en el hogar de naturaleza diversa, emigración, exceso de trabajo, traduciéndose ello en irresponsabilidad de los padres.

Lo expuesto con antelación refleja la ausencia del Amor Responsable del Amor Exigente y ello da como consecuencia en nuestros hijos un cúmulo de emociones y sentimientos en nuestros hijos inadecuados que forman parte de uno de los brazos que arrojan a los hijos a la ingesta de drogas, alcohol y a la realización de conductas equívocas poniendo en riesgo su salud física y mental hasta llegar a la inesperada muerte y a lo menos fuerte al menoscabo de su persona y su dignidad.

La Antesala del Infierno son las adicciones porque no existe dolor más grande para nosotros como padres de familia que el ver a nuestros hijos en situaciones de riesgo o peligro.

Aunado a ello la destrucción de la familia, repartiendo culpas por doquier, conmiserándonos los unos con los otros, manifestando puntualmente la frase: "Si Hubiéramos Hecho" esto o aquello, pero ya demasiado tarde porque dejamos de darles tiempo de calidad, de guiarlos en la administración de sus redes sociales, de inculcarles valores, de proporcionarles seguridad y certeza, guiarlos para asumir responsablemente una educación internacional, decir un sí o un no a tiempo y fundamentado.

El terror es el marco que cubre el sufrimiento, ya que el dolor que sentimos es inexplicable, se apodera de nuestra toma de decisiones en el tratamiento de nuestros hijos en su enfermedad y ello nos impide ser objetivos y responsables a la hora de decidir o trazar el plan de acción para salvar a nuestros hijos.

Las emociones se encuentran presentes permanentemente en la enfermedad de nuestros hijos y logran que ellos experimenten serios y difíciles sentimientos de odio, rechazo o repudio hacia nosotros ejerciendo el papel de padres, causando en ellos un dolor profundo así como en nosotros, lastimándonos mutuamente los unos con los otros llegando a conocer la infelicidad, la ausencia de sosiego en nuestras vidas y el quebranto económico en las finanzas familiares porque ofrecemos todo para curar a nuestros hijos, acudimos a hechizos o embrujos, a la atención médica y psicológica, a centros de rehabilitación como alcohólicos anónimos, modelos de rehabilitación de puertas abiertas, cerradas por señalar algunos cuando tuvimos la valiosa oportunidad de que en forma gratuita salváramos la salud de nuestros hijos evitándoles esta terrible enfermedad ejerciendo única y exclusivamente el AMOR RESPONSABLE que es el mejor Antídoto contra las Adicciones que son la Antesala del Infierno.

Hablar de emociones y sentimientos es un tanto cuanto complicado, pero si sabemos establecer la diferencia podremos lograr detectar la problemática de nuestros hijos de forma eficiente y responsable

Debemos evitar convertirnos en sus iguales, porqué jerárquicamente estamos por encima de ellos y somos los que establecemos lar reglas dentro del hogar e imponemos sanciones adecuadas para regular su comportamiento que coadyuven a una comunicación asertiva y efectiva en el seno de la familia y el contexto social.

El miedo, las emociones y la culpa son una bomba atómica en las relaciones de familia si no se ejercen adecuadamente y sobre todo si no se les da batalla con la ponderación de los valores para hacer frente a las adicciones.

"Una emoción no causa dolor.
La resistencia o supresión de una emoción causa dolor".

Frederick Dodson.

SCAN ME

Capítulo VII
Conmiseración

Pena y Dolor en las Adicciones.

"El fracaso llega a tu vida cuando: Dejas de creer en ti, te comparas con otros, te enfocas en tus debilidades, te quedas en el pasado y evitas el cambio".

Mauricio Quiero Saber.

El concepto de conmiseración, procede del vocablo latino conmiseratio, se utiliza para hacer referencia a la misericordia o la piedad que se experimenta ante el malestar o el dolor de una persona.

Es el sentimiento de pena y dolor de la desgracia o sufrimiento de alguien. Es la actitud de compasión, misericordia, lástima, solidaridad, empatía o identificación con el sufrimiento, la miseria, la desdicha o alguna condición negativa.
Es la compasión que uno tiene del otro como por ejemplo cuando sentimos lástima por lo que les sucede a nuestros hijos y no actuamos con rigor y usamos indistinta e inadecuadamente la flexibilidad.

En el campo de las adicciones nos encontramos con la auto conmiseración que no es otra cosa que la actitud de víctima frente a los demás y creer que estos tienen la culpa de lo que nos sucede por lo que el adicto vive con resentimientos pasivamente esta actitud también se presenta en la codependencia.

Cada sujeto es responsable de sus sentimientos y pasa de la auto conmiseración a la autocompasión que es una forma de amor propio toda vez que es la capacidad que tenemos de que cuando erramos en lo que hacemos no somos demasiado duros con nosotros mismos.

La autocompasión es una emoción desagradable que como seres humanos no debemos permitir que nos invada, ya que le abona a la destrucción masiva de nuestra estabilidad emocional estancando una emoción inútil y perversa en nuestro aquí y en nuestro ahora.

Cuando uno siente conmiseración de sí mismo se habla de auto conmiseración, es una cadena que debemos romper, se considera como el síndrome del pobrecito yo.

Los adictos utilizan la auto conmiseración para justificar sus adicciones como alcoholismo, ingesta de drogas, adicción al sexo y conductas impropias.

Los adictos se autoconmiseran, sienten pena por ellos mismos son incapaces de pensar que merecen algo bueno en sus vidas, adoptan una actitud pesimista y un sentimiento de desgracia constante ello nos habla de necesidades internas desde nuestra infancia no satisfechas, pero también miedo a que las cosas sucedan en forma distinta.
La auto conmiseración es sentir compasión por uno mismo, ello es egoísta y pesimista. La autocompasión hace que te consideres víctima de las circunstancias o de los demás es el bálsamo para el rechazo.

Si ente capítulo sumamos a la resiliencia que es el término que define a las personas para superar circunstancias traumáticas.

La raíz de la auto conmiseración es el miedo, es un progreso espiritual y puede eliminar toda comunicación entre padres e hijos.

La auto conmiseración muchas veces es la justificación para hacer cosas que solo les abonan a más problemas como: Drogarse, beber alcohol, autolesionarse, tener sexo descontrolado, conducir en forma arriesgada, pelearse con otros, dejar de cumplir con nuestras obligaciones, dejar el trabajo y los estudios, tratar mal a los que lo rodean, discutir con nuestra pareja, ser infieles, etc.

La auto conmiseración aniquila la energía psíquica que proporciona la alegría dando paso a su antítesis que es la angustia causando la depresión.

Debemos tener presente que la auto conmiseración es un rasgo de personalidad frecuente en los padecimientos emocionales que es caracterizado por una actitud pesimista y un sentimiento de infortunio, ello es una fuente de concentración en uno mismo y en nuestro alrededor ejerciendo el papel de protagonista de la tragedia más grande sin analizar las de los demás.

Cuando las personas resuelven su enfermedad emocional rescatan recursos de su interior que les permiten mirar en su entorno y dejar de ser únicos e irrepetibles según ellos y esto les permite no sentir lástima o autocompadecerse de sí mismos.

"La auto conmiseración es uno de los defectos más infelices y que más nos carcomen que conozcamos. Es un obstáculo para todo progreso espiritual".

"Sanando Heridas" 4 y 5 paso.

Igual que el robo y la mentira o el homicidio son pecados del alma los cuales son enemigos fundamentales para los adictos.

Para dejar definitivamente la autocompasión debemos precisar que no es nada sencillo, es como dejar de fumar o de tomar, siempre está con nosotros, es una costumbre perniciosa que presenta una máscara de bondad puede hacerse presente ante el estímulo menos esperado. Lo que inicia con una voz compasiva en breve se torna duro y cruel en nuestro devenir histórico, podemos llegar a ser muy duros con nosotros mismos y privarnos de cualquier gratificación, nos hemos convertido en nuestros propios enemigos y no nos damos cuenta de lo maravilloso que es lograr un estado emocional equilibrado.

Si no nos encontramos fuertes emocionalmente fuertes tomaremos acciones autodestructivas, o simplemente procuraremos evadir nuestra realidad realizando nuestra autodestrucción y la de nuestras familias a través de la ingesta de alcohol o realizando conductas impropias.

Una característica esencial de la autocompasión es el ser protagónico de quien lo padece, siendo ello el resultado de tras polar toda situación a la realidad de uno mismo y de ceder a las odiosas comparaciones.

No debemos ignorar que la célula fundamental de la sociedad es la familia de la cual asumiendo nuestro papel y rol como padres de familia dentro y fuera de ella asumiendo el control pleno de la dirección de nuestros hijos y no evadiendo con mentiras piadosas nuestra invaluable e intangible responsabilidad lograríamos que nuestros hijos tuviesen sus necesidades cubiertas en su infancia, adolescencia y juventud, evitando con ello que se sintiesen abandonados, carentes de una atención en calidad de tiempo, estarían fortalecidos en sus valores, tendrían elevada su autoestima y podrían plantear sabías y comprometidas soluciones a las situaciones que se les presenten en su cotidianidad.

Si la Autoconmiseración y la Autocompasión aterrizan en pensamientos de nuestros hijos son una cereza en el mejor cóctel del mundo y estos se encargarán de destruir en forma progresiva la estabilidad emocional de nuestros y de nosotros mismos.

Obtendremos si no lo prevenimos resultados adversos a las relaciones con nuestros hijos que debiesen ser efectivas, logrando con ello la ruptura casi irreversible de nuestras relaciones familiares y esto no solo se refleja en el seno familiar, sino en todo su contexto es decir en el entorno social, logrando un bajo perfil de la familia y un status social para nuestros hijos. Todas las cargas se acumulan en el enfermo y familia, nos hacemos acreedores a ser los depositarios de todo suceso negativo debido a que nuestros problemas se tornan únicos y por ende son los que merecen atención plena sin voltear una mirada hacia los demás, derivado de la adicción ello se torna imposible. Ante esta situación muchas de las cosas que decimos no son ciertas, pero nos las creemos. La autocompasión es uno de los peores sentimientos en la humanidad.

"Cuanto más perfecto luzca uno por fuera, más demonios tiene dentro".

Sigmund Freud.

Capítulo VIII
Codependencia

Disfunción Familiar.

"La adicción más peligrosa es aquella que te ata emocionalmente a otra persona, aun cuando sabes que sólo trae dolor a tu vida".

Rafael Vidac.

He aquí un capítulo complicado en el cual definiremos al codependiente en las adicciones que puede ser cualquiera de nosotros en el ámbito familiar y que nos lleva a asumir un rol y un papel adverso a aquel que debiésemos adoptar como padres responsables para lograr extinguir la enfermedad de la adicción en nuestros hijos, por lo que definiremos al codependiente de la siguiente forma: Es el que se dedica a cuidar y aparentemente a salvar a la persona con adicción involucrándose obsesivamente en las situaciones y problemas del familiar adicto frustrándose ante las recaídas, asumiendo y adquiriendo, características y conductas tan anormales como las del propio adicto.

Nos damos cuenta de que el codependiente termina tan enfermo o aún más queriendo ayudar al adicto en su proceso de rehabilitación sin contar con los conocimientos necesarios para hacerlo para poder implementar técnicas e imponer límites inadecuados tratando de ayudar y lo que logra es solo empeorar la situación dentro y fuera de la familia.

El término codependencia surge en los años cincuenta cuando en Estados Unidos a las esposas de los alcohólicos se les denominaba co-alcohólicas por lo que en los años setenta se utilizó el término para asignárselo a aquellas personas que poseen una relación estrecha con el adicto a cualquier sustancia o conducta impropia además de que desarrollen una relación enfermiza con el enfermo.

La familia asume las consecuencias de la adicción de los hijos a la ingesta de sustancias y conductas prohibidas a través de los sentimientos de frustración, culpa e impotencia que se imponen en torno a la adicción de los hijos y ello produce el trastorno de la codependencia.

Los codependientes podemos llegar a desviar el control de nuestra vida por salvar al enfermo, viendo extintos nuestros límites, le apostamos todo al adicto, muchas de las ocasiones llegando a ser negligentes con nosotros mismos, perdiendo nuestra propia identidad llegando a desequilibrarnos personalmente en el ámbito laboral, familiar y social para vivir por y para el adicto y olvidarnos de nosotros mismos anulando la potencialidad de nuestra vida con la perdida de la identidad.

La familia que es afectada por una adicción termina creando y ejerciendo un sistema de conducta que le abonan a la adicción, es decir, le suman no le restan y es una respuesta enferma al proceso adictivo y factor clave en el proceso de la adicción.

Las relaciones familiares se tornan confusas y el proceso de comunicación se enturbia logrando su disfuncionalidad.

La comunicación es confusa e indirecta de tal forma que se hace más sencillo cubrir y justificar la conducta del adicto, de tal forma que en este momento hace su entrada triunfal la facilitación de la adicción, transformándose en colaboración y agresión. Las personas codependientes no se percatan de que están facilitando el problema por la negación y porque están convencidos de que su conducta está justificada toda vez que están ayudando al adicto y a la familia.

Estar frente a la presencia de la codependencia es cuando se está siempre preocupado por complacer a los demás, establecer la dificultad para decir que no, baja autoestima, miedo al rechazo o abandono, negación al no asumir los problemas en forma efectiva, pasamos el tiempo tratando de cambiar a los demás, se establecen límites difusos, establecemos relaciones insatisfactorias y abusivas, establecemos controles equívocos en la relación con los demás además de ser extremadamente obsesivos con las personas y los errores que han cometido.

El elemento que define a la codependencia es la conformación de relaciones entre controladores manipuladores, sumisos, sin identidad propia y altruistas, justificando los errores ajenos(Borjalil,2003).

La codependencia manifiesta una actitud obsesiva y compulsiva hacia el control de otras personas y las relaciones que son el resultado de inseguridades propias.

Es un trastorno progresivo y crónico. Se presenta normalmente en familias disfuncionales en las que uno o varios de los integrantes han sido adictos, también es una forma de adicción como la ludopatía u otras adicciones. Es un esquema de vida disfuncional que surge de la familia, es un patrón de dolorosa dependencia de otros, con comportamientos compulsivos y de búsqueda de la aprobación con el propósito de encontrar seguridad, autoestima e identidad.
Se ha establecido que la codependencia es una patología, como una enfermedad primordial que se encuentra presente en cada miembro de la familia adicta se ha llegado a ver a la codependencia como la otra cara de la adicción, es una adicción en el orden afectivo, también como una relación adictiva a una persona y sus problemas puede esta relación ser compulsiva e impulsiva.

Estar frente a la presencia de la codependencia es cuando se está siempre preocupado por complacer a los demás, establecer la dificultad para decir que no, baja autoestima, miedo al rechazo o abandono, negación al no asumir los problemas en forma efectiva, pasamos el tiempo tratando de cambiar a los demás, se establecen límites difusos, establecemos relaciones insatisfactorias y abusivas, establecemos controles equívocos en la relación con los demás además de ser extremadamente obsesivos con las personas y los errores que han cometido.

El elemento que define a la codependencia es la conformación de relaciones entre controladores manipuladores, sumisos, sin identidad propia y altruistas, justificando los errores ajenos (Borjalil,2003).

La codependencia manifiesta una actitud obsesiva y compulsiva hacia el control de otras personas y las relaciones que son el resultado de inseguridades propias. Es un trastorno progresivo y crónico. Se presenta normalmente en familias disfuncionales en las que uno o varios de los integrantes han sido adictos, también es una forma de adicción como la ludopatía u otras adicciones.

Es un esquema de vida disfuncional que surge de la familia, es un patrón de dolorosa dependencia de otros, con comportamientos compulsivos y de búsqueda de la aprobación con el propósito de encontrar seguridad, autoestima e identidad.

Se ha establecido que la codependencia es una patología, como una enfermedad primordial que se encuentra presente en cada miembro de la familia adicta se ha llegado a ver a la codependencia como la otra cara de la adicción, es una adicción en el orden afectivo, también como una relación adictiva a una persona y sus problemas puede esta relación ser compulsiva e impulsiva.

Por lo tanto, la codependencia ha sido explicada por muchos teóricos desde tres aspectos:

- Como una enfermedad primaria de un sistema familiar inmerso en la disfuncionalidad.
- Como un trastorno de la personalidad previo de uno o más miembros de la familia.
- Como la conducta de una persona normal que realiza un esfuerzo ante un acontecimiento que la saca de su estado de confort.

Cuando un integrante de la familia intenta controlar el comportamiento del adicto, utilizando su tiempo para impedir conductas impropias o la ingesta de sustancias prohibidas.

Recordemos que la adicción daña las relaciones familiares y a esta última la reduce logrando las más de las veces la emigración de alguno o algunos de sus integrantes para no seguirse contaminando de ese ambiente de disfuncionalidad o por no tener la capacidad para enfrentar el problema dentro y fuera de la familia, las manipulaciones que reciben del adicto se encuentran a la orden del día tanto que es imposible tolerarlas o combatirlas a través del Amor Responsable.

"Uno no siempre hace lo que quiere, pero tiene el derecho de no hacer lo que no quiere".

Mario Benedetti.

Debemos tener claro que la codependencia puede superarse elevando nuestra autoestima, debemos cuidar de nosotros mismos, debemos establecer límites, tenemos que tener claro el significado de ayudar, porque muchas veces dejando de ayudar, ayudamos más, debemos modificar los patrones familiares que resulten inadecuados para una comunicación efectiva y para poner límites apropiados, por lo que si lo ponemos en práctica evitaremos las adicciones y sobre todo si nos encontramos en el supuesto de la enfermedad podremos adoptar soluciones sabias que con certeza nos llevarán al triunfo para exterminar la enfermedad y así seremos capaces de implementar estrategias que nos guiarán en un proceso de recuperación y sanación exitoso.

Por lo que el Amor Responsable juega un papel importante en la rehabilitación de nuestros hijos ante la enfermedad de la adicción, tenemos que asumirlo e implementarlo en nuestra cotidianidad fundamentalmente en las relaciones familiares para que estas se tornen efectivas y empáticas no solo en el entorno familiar sino en el contexto social.

Nos hemos percatado que la codependencia es una conducta tóxica dentro y fuera del contexto familiar no debemos caer en la falta de amor y cuidado hacia nuestros hijos, tenemos que evitar rechazarlos o abandonarlos, no debemos abusarlos física, emocional o sexualmente, propondremos un No a las adicciones y un Alto a no darles cantidad de tiempo, sino calidad al estar con ellos, estableceremos reglas para el uso y no abuso de las redes sociales, escucharemos sus inquietudes puntualmente sin llegar a juzgarlos o minimizarlos, impondremos reglas, pero también sanciones justas que no lleguen al menoscabo de su dignidad como personas.

Tendremos claro que la vida es un riesgo y que vivirla debe producir felicidad con plena ausencia del sufrimiento y del dolor.

En nuestra calidad de padres de familia debemos asumir las responsabilidades en forma objetiva ausentando a la conmiseración y la culpa, dejar de victimizarnos, ubicarnos en nuestra realidad histórica no debemos justificar lo injustificable ni tolerar lo intolerable, no debemos establecer relaciones tóxicas con nuestros hijos auspiciando el apego enfermo que destruye las relaciones de familia y la individualidad de la persona además de establecer la dura restricción de la libertad, lesionando un Derecho Humano que ninguna persona puede ni debe perder que es la de ser y actuar en forma libre y espontánea sin transgredir los derechos del otro irrumpiendo con ello la dignidad humana.

Debemos evitar que la tristeza, la desilusión, la amargura, la soledad, el rencor y la nostalgia estén presentes en el proceso de la enfermedad de nuestros hijos porque ello nos llevaría a fortalecer aún más la enfermedad y sobre todo la codependencia.

Tenemos que evitar hacernos responsables de los pensamientos, sentimientos y las acciones del enfermo e igualmente considera que la otra persona es responsable de sus sentimientos, acciones y pensamientos; En conclusión, un codependiente no sabe dónde termina él y donde da inicio el otro.

Es inevitable que el adicto cuando somos codependientes no nos genere sufrimiento y dolor impidiendo con ello nuestra felicidad e identidad propia.

Recordemos que la negación de la enfermedad es el factor del desarrollo de la familia adicta con disfuncionalidad manifiesta.

La importancia de reconocer y aceptar la enfermedad de las adicciones es el principio del éxito en su erradicación y es a su vez la negación a la codependencia.

Las personas solo pueden ser responsables de actos propios y por ende de su propia vida y no la de los demás. Cuando asumes la responsabilidad ante tu propia vida das paso a la libertad de las ataduras a la codependencia.

"Lo bello del desierto es que en algún lugar se esconde un pozo".

Antoine De Saint-Exupéry.

No olvidemos que en un abismo hay una luz de esperanza solo hay que detectarla e interactuar con ella para lograr sabias decisiones para lograr una erradicación de la enfermedad de las adicciones.

Capítulo IX
La Emancipación de Nuestros Hijos

Una libertad sin rumbo.

"La emancipación, el comienzo del desarrollo, es consecuencia del liberarse, y la liberación comienza por uno mismo y por los padres. No hay duda: Si uno se emancipa de los padres, si no se siente cada vez con más firmeza que tiene el derecho de decidir por sí mismo y que ni teme ni contraria particularmente los deseos de sus padres, sino que obra por sí mismo, siempre tendrá cerradas las puertas del camino de la independencia".

E. Fromm.

Pareciera que este capítulo no tiene relación con los otros, pero no es así, normalmente nuestros hijos nos exigen libertades y a su corta edad asumen que cuentan con las habilidades y la experiencia necesarias para decidir sobre el que hacer y qué no hacer de su vida sin darse cuenta de que no es así y que solo ejecutan un acto de rebeldía debido a que nunca se les enseñaron los límites y sus consecuencias por lo que aducen que ya están hartos, chocados de una vida que no les gusta con una equivocada visión de la realidad y su contexto social, como consecuencia de la ruptura familiar en la que se encuentran involucrados por su falta de comunicación con los padres por la inexistencia de relaciones adecuadas en su entorno familiar.

La libertad es la facultad y derecho de las personas para elegir de manera responsable su propia forma de actuar dentro de una sociedad y por ende dentro de la célula fundamental de la misma que es la familia, es la capacidad humana de actuar por cuenta propia.
Proviene del latín liberta, libertatis (franqueza, permiso); es la facultad del hombre para actuar libremente a voluntad sin restricciones. Es un valor de la sociedad que permite desarrollarse a los individuos dentro de la sociedad y la familia en forma libre y espontánea asumiendo las consecuencias de sus actos independientemente de que hayan obtenido resultados positivos o negativos asumiendo sus consecuencias con valor y fortalecimiento pleno en la toma de sus decisiones.

Pero la tan anhelada libertad no puede sin vestirla antes con valores, con calidad de tiempo, con una educación responsable y empática a su contexto social, a un sí o a un no perfectamente analizados y fundamentados como un acto regulador de la conducta de nuestros hijos, la responsabilidad en la vigilancia y control de sus redes sociales y como consecuencia de ello ejecutar el Amor Responsable, Verdadero y Exigente.

Contamos con la libertad de culto, de asociación, de expresión, de circulación, contamos con la maravillosa posibilidad de que al ejecutarlas por nosotros mismos nos encontramos frente a la posibilidad de decir sí o no asumiendo con responsabilidad la ejecución de las mismas.

Pero la libertad en la familia es respetar las reglas de convivencia, normas claras y límites plenamente establecidos, de igual forma respetar los valores y las creencias porque cuando conocemos el significado del respeto existe la libertad.

El no aceptar la familia que tenemos o inconformarnos con ella es no asumirnos a nosotros mismos, estaremos negando los aprendizajes que hemos obtenido formando parte de ella.

La libertad no es una palabra que justifique el actuar como se nos dé la gana es la posibilidad de decir que no aceptamos la compañía de personas nocivas a nuestro derredor, es la autodeterminación al bien debido.

La autodeterminación es posible cuando las personas alcanzan madurez con el transcurso del tiempo, la experiencia y una orientación adecuada con respecto a la conducta.

No debemos olvidar que el bien debido está por encima de las preferencias personales o de los caprichos, consiste en la realización y conservación de todo lo que nos beneficia.

Cuando analizamos la concepción de la libertad nos percatamos de que la libertad generalmente se relaciona con la independencia con mantenerse desvinculado de la familia, del contexto social.

Es por ello que la emancipación suele darse en la mayoría de los casos dentro de la adicción como justificación a conductas inadecuadas, a la ingesta de alcohol y a las diversas drogas, señalando, por ejemplo: me voy porque me ahoga estar contigo, quiero vivir sola o solo porque eres tóxica o tóxico, quiero largarme de aquí porque tú no me quieres, me voy porque no te quiero y porque eres culpable de todo lo que me pasa, las aseveraciones anteriores son solo ejemplos de lo que nuestros hijos pueden llegar a decirnos para justificar su inadecuada concepción de la libertad y evadir sus responsabilidades familiares.

Cuando el sufrimiento o el dolor, así como el miedo a enfrentar la realidad están en el consciente alud de nuestros hijos y solo sienten rechazo hacia nosotros como padres es normal que quieran escapar del seno familiar y buscar un estado de confort cobijándose en el consumo de sustancias prohibidas y que nadie les pueda decir que no para poder ejecutar actos u hechos nocivos para su salud agudizando su enfermedad y su papel de adicto con un status o jerarquía social negativa o denigrante.

Cada vez hay mayor protagonismo en la familia y en la libertad mal encausada alcanza varios aspectos de las relaciones familiares y uno de ellos es impulsar inconscientemente a las adicciones a nuestros hijos.

"La familia es la prueba de la libertad, porque la familia es la única cosa que el hombre libre que hace para sí mismo y por sí mismo".

Gilbert Keith Chesterton.

En algunas ocasiones es insuficiente haber enseñado a partir a nuestros hijos y permitirles irse de nuestro lado, toda vez que no les hemos preparado adecuada y significativamente para enfrentarse a su contexto y ello los complica y los hace sentir seres humanos incapaces de enfrentar su aquí y su ahora o su realidad social.

Algunas ocasiones les obligamos a hacerlo para que abandonen su zona de confort sin preguntarnos si se encuentran preparados para ello. Si tomamos en consideración que el amor protege y más aún si es responsable estaríamos frente a unos hijos capaces de enfrentar las vicisitudes de su vida.

La permisibilidad que les concede a nuestros hijos la mal encausada libertad y a la que tienen derecho desacuerdo a lo que establecen los Derechos Inherentes a la Persona Humana o Derechos Humanos que son los que tenemos desde que nacemos hasta que morimos. En ello va la libertad de ser y de pensar libremente, pero para lograrlo debemos contar con una preparación previa que adquirimos en la familia mucha de las veces es contraproducente porque no contamos con las fortalezas propias de una adecuada y comprometida preparación a través de elementos y herramientas que les ayudaran a lograrlo de forma conjunta con sus padres.

"La fraternidad humana y la libertad son los únicos correctivos que hay que oponer a las enfermedades del organismo humano que conducen a lo que se llama crimen".

Piotr Kropotkin.

Jaume Soler y M. Merce Conangla, describen con puntualidad y responsabilidad el siguiente poema que pone fin a este capítulo y nos invita a una seria reflexión en nuestro papel y status de padres de familia de la siguiente forma:

PUNTO Y SEGUIDO

Ámame para que me pueda ir
para que aprenda a ser yo mismo
separado de ti

Impúlsame
Para que pueda alejarme
y ser con los demás

Suéltame
Para que sepa
adonde regresar

Amate
Para que me pueda amar
aprendiendo de ti

Impúlsate
Para que me enseñes
el gozo de explorar

Suéltate
Para que encuentre
en la libertad tus raíces

¡Amate, para que me pueda ir!

Poema que invita a nuestra reflexión para con nuestra tarea como padres de familia, pero más aún nos confronta a nosotros mismos para que nos percatemos de que lo que hemos realizado no es suficiente para proporcionarle a nuestros hijos una educación sin miedo, sin sufrimiento y sin errores.

No debemos jugar a ser padres de familia debemos ser conscientes de lo que hacemos y congruentes con lo que decimos para obtener el respeto y la credibilidad de nuestros hijos, lograr hacer de ellos seres humanos felices que no carguen errores nuestros por no saber hablarles con la verdad ni ponerles reglas o límites y mucho menos imponerles sanciones adecuadas para corregir su inadecuado comportamiento.
Ser libre significa emanciparse de la presión de las aflicciones que dominan la mente y la oscurecen es tomar las riendas de la propia vida en lugar de abandonarla a las tendencias creadas por el hábito y la confusión mental. La libertad es dirigir nuestra propia vida.

Evitemos la Antesala del Infierno y démosle paso al Amor Verdadero.

"Un amor sin palabras, impregnado de acciones y resultados".

Pedro Taboada Nava.

SCAN ME

Capítulo Final
Conclusión

Hemos llegado al final, pero no sin antes concluir en varios aspectos que son de vital importancia para el logro de las relaciones empáticas y efectivas entre padres e hijos.

No debemos dejar de manifestar que cuando nos referimos a la Antesala del Infierno nos referimos al sufrimiento que es el dolor que sentimos como padres al darnos cuenta de que nuestros hijos que también lo sienten.
Son presa de las adicciones a través de la ingesta de sustancias prohibidas y conductas inadecuadas y damos inicio a la peor película de terror que hemos visto en nuestra vida, pero en esta nosotros formamos parte no solo de la trama sino también de los personajes asumiendo un papel protagónico tal vez el más cruel que nos puede tocar vivir en el seno familiar al lado de nuestros hijos.

A quienes no hemos formado con valores para poder hacerle frente a las adicciones que es una enfermedad que no solo degrada la salud física de nuestros hijos sino también la psicológica y nos enferma a nosotros también siendo presas ambas partes del sufrimiento, del miedo y de un recrudecido dolor que nos lleva a adoptar el resentimiento como mecanismo de autodefensa ante decisiones equivocadas no solo de nuestros hijos sino también de nosotros mismos.

Hemos llegado a decir algunas veces que el miedo es la ausencia del valor y lo es porque como padres de familia nos ha faltado el valor para poner límites o reglas adecuadas con sus respectivas sanciones para guiar a nuestros hijos correctamente.

El dolor y la culpa se convierten en actores protagónicos en la vida familiar aniquilando la fortaleza que como padres debemos tener para enfrentar las adicciones de nuestros hijos, así como para aceptar su enfermedad sin ser presos de la vergüenza y la desesperación por ocultar las conductas inadecuadas de nuestros hijos dentro y fuera de la familia.

En virtud de que no sabemos cómo enfrentar con entereza, dignidad y con conocimiento las situaciones que se nos presentan siendo presos en la familia de las adiciones de nuestros hijos, careciendo de valores, nos encontramos con miedo para aceptar las situaciones que nos son adversas, nos invaden las emociones y la culpa, nos conmiseramos los unos y los otros asumiendo la lastima además de agregarle el ingrediente de la codependencia.

Vivir en un espacio común denominado familia que es la célula fundamental de la sociedad sin saber establecer jerarquías, poner límites y establecer sanciones es abrir la puerta a la disfunción familiar y sobre todo recibir a la enfermedad de las adicciones con una gran fiesta sin darnos cuenta.

Pensamos equivocadamente que al consentir a nuestros hijos y darles a manos llenas les demostramos cuanto los queremos, pero el precio que pagamos los juguetes de moda, por los teléfonos celulares, tablet, computadoras, consolas de videojuegos, se torna barato o económico porque lo que tendremos que pagar para curar las adicciones de nuestros hijos y sus consecuencias. Será demasiado caro no solo en económico sino en sufrimiento, dolor y tal vez con la perdida de la vida de lo que más amamos en nuestra condición de padres de familia a nuestros hijos.

Si bien es cierto que no es fácil ser padres no menos ciertos es que podemos hacerlo más fácil si establecemos como eje rector en nuestras relaciones familiares al Amor Responsable o Amor Verdadero ejerciendo acciones para lograr relaciones efectivas, con ello obteniendo excelentes resultados para lograr una maravillosa comunicación con nuestros hijos, logrando un estado de confort familiar y la placentera felicidad.

La adicción a las sustancias prohibidas, al alcohol y a las conductas impropias sume a sus víctimas a una vida de pobreza, indigencia, crimen y cárcel, por lo anteriormente expuesto los padres experimentan una enorme sensación de pérdida al observar a sus hijos hundidos en la destrucción.

Los padres nunca sentiremos un dolor más grande que el ver a nuestros hijos en una situación de vulnerabilidad al observar y ser copartícipes de la enfermedad de las adicciones de nuestros hijos e ir siendo testigos mudos de su muerte lenta es por ello que debemos hacer lo que no nos hemos atrevido a hacer, principalmente no caer en chantajes ni mentiras de parte de nuestros hijos para justificar sus acciones incorrectas vamos a establecer las mejores estrategias para lograr la recuperación de ellos a costa de lo que sea incluso de que nos digan que nos odian al final del día, nosotros sabemos que lo que hacemos es con el fin de brindarles ayuda.

Como padres vamos a asumirnos como somos verdaderamente sin máscaras aunque duela, vamos a dejar de mentir para que nuestros hijos nos crean y nos valoren sin reproches, dejemos de justificar lo que no somos, vamos a aceptar nuestra condición que no es otra cosa que nuestra realidad con dignidad y verdad solo así seremos capaces de apoyar en todo a lo que más amamos a nuestros hijos, recordemos que si somos duros algunas veces con ellos, pero justificadamente no es un acto irreverente es un acto de amor.

Recordemos que el Amor Verdadero no siempre es decir que sí, es cuando decimos que no para evitar el tropiezo de los hijos.

Debemos arar en su camino para poder sembrar en el sendero de su vida enseñanzas positivas que les serán útiles en su largo camino, en principio con nuestra compañía posteriormente ellos solos, se emanciparán algún día, pero responsablemente porque tienen que volar para construir su propia familia y su vida asumiendo roles y papeles diversos ante la sociedad como el de ser padres de familia, profesionistas, esposos, hijos, por señalar algunos no solo papeles, sino también roles sociales para obtener una posición exitosa dentro de la sociedad y la familia que no es otra cosa que el estatus social.

Nunca es tarde para aceptar que nos hemos equivocado al educar a nuestros hijos, para reconstruir el camino, aunque medie un abismo entre ambos, debemos tener en cuenta que somos seres humanos dotados de razón y sabiduría que podemos romper cualquier barrera y llegar a la cima de cualquier volcán siempre y cuando vallamos de la mano de una gran fortaleza y del Amor Responsable que será el que encabece todas y cada una de nuestras acciones para salvar a nuestros hijos de las adicciones.

La lástima refuerza la sensación de indefensión de los adictos, resulta nociva en su recuperación y es una herramienta eficaz para la manipulación que ejercen sobre nosotros para continuar con sus consumos o para ejercer conductas impropias. La conmiseración es parte de la destrucción del binomio familiar y siempre lo debemos tener presente. No a la lástima, aunque nos duela.

Concluiremos este libro en una forma inusual, recordemos que lo planteado en cada una de las letras que conforman todos y cada uno de sus pensamientos esta puesta dándole vida a una acción responsablemente para lograr acciones de éxito, no olvidemos que en la vida no aplican las recetas de cocina porque cada ser humano es distinto solo pretendemos identificar el problema y plantear al Amor Responsable como una solución posible para contrarrestar a las adicciones o a la enfermedad.

Esperando que sea de utilidad para ti mamá o papá o ambos que se encuentran frente y dentro de esta enfermedad, es por ello que les preguntaremos lo siguiente:

- ¿Pueden aplicar el Amor Responsable en sus relaciones familiares?

- ¿Es fácil adquirir el Amor Responsable o ya contamos con él, solo basta aplicarlo?

- ¿Tenemos el valor para ejecutar el Amor Responsable con nuestros hijos?
- ¿Cómo padres de familia podemos amarnos responsablemente?

- ¿El Amor Responsable o Verdadero es la prevención y la cura de las Adicciones?

Contestémonos con sinceridad estos cuestionamientos si los respondemos afirmativamente quiere decir que estamos preparados para enfrentar el terror de la Antesala del Infierno y abandonar ese inmenso sufrimiento acabando con la adicción de nuestros hijos ejerciendo nuestro infalible mecanismo de defensa ante la enfermedad que es: El Amor Responsable.

SCAN ME

Agradecimientos

Dr. Manlio Arturo Mattiello Canales Rector de la Universidad de las Naciones, con respeto y admiración agradezco sus invaluables muestras de apoyo en la realización de todos y cada uno de los proyectos que he realizado en el trayecto de mi vida.

Dr. José Lorenzo Álvarez Montero, amigo y maestro gracias por ser parte de mi formación profesional y por compartir conmigo tus conocimientos además de tu valiosa experiencia profesional.

Lic. Julio Muñoz Díaz, amigo y maestro gracias por ser parte de mi formación académica y un valioso ejemplo de dedicación al servicio del magisterio y jóvenes veracruzanos.

Psic. Yesuandy N. Flores Tlaxcalteco, debo agradecerte tan inmerecido prologo además de tu sin duda valiosa participación en este proyecto.
Gene Martínez, gracias por la realización de tan maravillosa portada.

M.V.Z Pedro Taboada Nava, gracias por aportar tu experiencia y sabiduría en este proyecto que a ambos nos parece, será de utilidad para los padres de familia que estén enfrentando la implacable enfermedad de las Adicciones.

Erasto, Irasema Ceballos Barradas Y ***Rosa María Muñoz***, mil gracias por estar a mi lado siempre primos, aportando sus experiencias y sus conocimientos.

Félix Castillo López, es un placer agradecerte el compartir valiosos e innumerables momentos que hemos pasado juntos y de los cuales ambos hemos obtenido aprendizajes diversos además de refrendar nuestra única e irrepetible amistad.

Mtro. Jonathan Cervantes Nieto, es necesario agradecer todas y cada una de las muestras de amistad que me ha brindado.

SR. Alejandro Martínez Díaz, agradezco el invaluable apoyo que durante años de amistad me ha brindado.

SRA. Griselda Landa Morales, agradezco por creer en todos y cada uno de los proyectos que hemos emprendido.

SR. Arturo Vásquez, agradezco tu amistad desde la infancia y sobretodo te felicito por tu fuerza de voluntad para decir "no" al alcohol., eres un ejemplo a seguir.

¿Tenemos el valor para ejecutar el Amor Responsable con nuestros hijos?, Cuestiónate.

www.ingramcontent.com/pod-product-compliance
Lightning Source LLC
LaVergne TN
LVHW012115170826
845678LV00014BA/2946

* 9 7 9 8 4 5 9 6 4 2 5 7 5 *